Inhalt

Durchbruch von E-Books - abhängig von der Einführung eines akzeptablen DRM-Standards?

Kernthesen

Beitrag

Fallbeispiele

Weiterführende Literatur

Impressum

Durchbruch von E-Books - abhängig von der Einführung eines akzeptablen DRM-Standards?

M. Westphal

Kernthesen

- Schon seit Jahren wird immer wieder über den Durchbruch von E-Books spekuliert.
- Auf Konsumentenseite ist die bisher wenig nutzerfreundliche Hardware sowie das geringe Angebot an Unterhaltungsliteratur ein Grund für die mangelnde Akzeptanz.
- Aufgrund der Erfahrungen der Musik- und Filmindustrie nach der Digitalisierung ihrer

Inhalte und der Folgen durch Produktpiraterie, zögern die Print-Verlage, ihre Werke frei verfügbar zu machen.
- Bisher mangelt es an einheitlichen und akzeptablen Standards im Bereich digitaler Sicherungsverfahren.

Beitrag

E-Books warten seit Jahren auf ihren Durchbruch. Ein wesentlicher Baustein auf dem Weg hin zu einem anerkannten Medium ist die Entwicklung eines Rechtemanagements, das den Gebrauchsgewohnheiten der Nutzer entspricht und nicht nur die Angst vor Missbrauch der Rechteinhaber verringert.

E-Books zählen schon seit Jahren zu den großen Hoffnungsträgern

Schon seit bald zehn Jahren geistern E-Books durch die Medien. E-Books sind Printmedien und Bücher, die nicht in Papierausgabe, sondern als Datei zum Lesen auf PC, PDA oder speziellen Lesegeräten ausgeliefert werden. Es gibt den Vertrieb von E-Books und spezielle Lese-Geräte, nur der breite Durchbruch dieses Mediums lässt immer noch auf sich warten.

Grund hierfür ist insbesondere die mangelnde Akzeptanz bei Lesern von Unterhaltungsliteratur, denn im Bereich Fachartikel und -literatur haben sich elektronische Übertragung und das Lesen am PC schon stärker etabliert. Sach- und Fachbücher dominieren bisher das Angebot, da sich die Nutzer E-Books vor allem zum Informationszweck herunterladen. Die Zahl an Romanen nimmt weiter zu. Über Wikipedia gibt es E-Books kostenlos sowie auch ca. 20 000 englischsprachige Titel des nicht-kommerziellen Anbieters Project Gutenberg. (3) Der Vorteil von E-Books ist die Möglichkeit sie jederzeit aus dem Internet herunter zu laden und nutzen zu können. Sie sind deutlich günstiger, da die aufwendigen Druckproduktionskosten nicht anfallen. Im Angebot der E-Books können häufig auch nur einzelnen Kapitel heruntergeladen werden. (3) Neben der mangelnden Akzeptanz fürchten aber die Print-Verlage nach den verheerenden Erfahrungen der Musik- und Filmindustrie um ihr Geschäftsmodell. So ist der Durchbruch von E-Books derzeit auch abhängig von der Installation eines entsprechenden Schutzmechanismus, der die "originalgetreue" Vervielfältigung unterbindet. In Zeiten analoger Medien waren qualitativ identische Kopien nicht möglich. Wie aber die Entwicklung der Musik- und Filmindustrie mit den digitalen Medien DVD und CD zeigt, sind auch mit Konsumentengeräten qualitativ identische Kopien

möglich. Bei Büchern ist eine Digitalisierung mittels eines Scanners zwar heute möglich, aber extrem zeitaufwendig und sehr speicherintensiv. Daher bestand für die Print-Verlage bisher keine Gefahr für ihr Geschäftsmodell.
Die Vergabe von Nutzungsrechten für elektronische Bücher ist gerade im Bereich Belletristik und bei Bestsellern noch recht zögerlich. (3)

Ein wesentliches Problem ist die mögliche Urheberrechtsverletzungen

Im Zeitalter der analogen Druckproduktion bestanden hohe Markteintrittsbarrieren, da teure Druckmaschinen und Presswerke genutzt werden mussten, um die Medien zu erstellen. Zwar gab es kleine "Sickerverluste" aufgrund von Fotokopierern, Audio- wie auch Videokassetten. Allerdings war die Qualität der Kopien deutlich geringer als die der Originale. Außerdem konnte man sich mittels Pauschalvergütungen auf die Recorder- und Kopier-Hardware wie auch die Kassetten behelfen. Die digitalen Technologien lassen dieses "Biotop" aber in ein Ungleichgewicht geraten, da auch einfache Haushaltsgeräte qualitätsidentische Kopien anfertigen können. Im digitalen Geschäftsmodell kauft der Nutzer nicht mehr den Bild- oder Tonträger oder eben das Buch, sondern dann nur noch die Lizenz zum Gebrauch des jeweiligen Inhalts. (1)

Die DRM-Technologien und die dahinter liegenden Verwertungsmodelle sind noch nicht ausgereift

Ein wesentliches Thema im digitalen Zeitalter ist der Schutz von Urheber- und Vermarktungsrechten an digitalen medialen Inhalten über ein Digitales Rechtemanagement (DRM). Diese Systeme sollen eine verursachungsgerechte Abrechnung der genutzten und urheberrechtlich geschützten Werke sicherstellen. Aufgrund der gemachten Erfahrungen im Bereich Software-Piraterie und illegaler Musik- und Filmdownloads wird DRM für die internetbasierten und mobilen Geschäftsmodelle unabdingbar sein. (10)
Das Problem bei der E-Book-Distribution ist die noch vorhandene Vielzahl an Formaten. So werden die Dateien als geschützte PDF-Dokumente vertrieben, lesbar am PC und mit der Erlaubnis, bis zu sechs Kopien anzufertigen. Aber es gibt noch etwa ein

dutzend anderer Formate wie die weit verbreiteten Formate Mobipocket (PCR) und eReader (PDB). Im Vergleich zum PDF-Format erlauben diese auch die Nutzung auf Taschencomputern und Smartphones mit kleineren Displays, da sie nicht an das starre PDF-Layout gebunden sind. Allerdings erlaubt z. B. Mobipocket nur die "private" Distribution auf zwei bereits im Vorhinein registrierte Geräte. Das International Digital Publishing Forum in New York arbeitet an der Etablierung eines weltweiten und offenen Standards für E-Books, basierend auf dem Web-Standard HTML. (3)

Das Problem der aktuellen DRM-Methoden ist, dass zwar in erster Linie der Schutz der Künstler, Journalisten, Filmemacher oder Programmentwickler angeführt wird. An diesem neuen Geschäftsmodell verdienen aber primär die Verwertungsgesellschaften und Medienunternehmen. (1)

Bisher ist noch kein Interessenausgleich zwischen Konsumenten und Rechteinhabern digitaler Medien gefunden worden. Es droht eine Dominanz der amerikanischen Gesetzgebung. Software-, Audio- und Videoangebote werden von amerikanischen Anbietern dominiert, sodass diese Angebote auch von der sehr scharfen amerikanischen Rechtsauslegung ausgehen. (1)

Aktuell gibt es noch eine Vielzahl von Schutzmechanismen, die untereinander nicht kompatibel sind. So ist das AAC-Format des iTunes-

Stores und der iPod-Geräte teilweise nicht auf anderen Geräten nutzbar. Ein konsequent durchdachtes DRM-System erfordert auch eine zentrale Verwaltung, die eindeutigen Geräte-IDs die jeweiligen Lizenzschlüssel zuweist. Dadurch würde die Erstellung von Nutzerprofilen möglich. So überprüft das DVD-System DivX bei jeder Nutzung zentral, ob der Nutzer zum Gebrauch berechtigt ist. Derartige Möglichkeiten verstoßen gegen den Datenschutz. Aber auch die Einführung neuer Betriebssysteme oder das Verlassen des Marktes von Medienunternehmen kann dazu führen, dass einmal gekaufte Inhalte nicht unendlich genutzt werden können. Neben den unangenehmen Folgen für die Nutzer, kann dieses auch fatale Folgen für die zukünftige Bereitstellung digitalen Wissens haben. (1) Und wie sieht es mit der aktuellen Bestimmung aus, dass die Rechte an einem urheberrechtlich geschützten Werk 70 Jahre nach dem Tod des Werkurhebers erlöschen und die Rechte somit der Allgemeinheit zufallen? Derartige zeitliche Komponenten werden von den aktuell angebotenen DRM-Systemen nicht unterstützt. (1)

Die Lizenzbestimmungen im digitalen Zeitalter rufen die

Verbraucherschützer auf den Plan

Verbraucherschützer mahnen Anbieter digitaler Medien wie den Spielsoftwarehersteller Electronic Arts oder auch den E-Book-Händler Ciando ab, da deren Lizenzbedingungen z. B. die Anfertigung von Sicherungskopien verbieten. (4)
Schon Mitte 2006 wurde der E-Book-Händler Ciando wegen fehlerhafter oder fragwürdiger Lizenz- und Nutzungsbedingungen für seine vertriebenen E-Books von der Verbraucherzentrale Bundesverband aufgefordert, diese zu revidieren. So wurde Ciando vorgeworfen, dass der Weiterverkauf digitaler Bücher ausgeschlossen sei. (8)

Die E-Book-Hardware orientiert sich endlich an den Bedürfnissen der Verbraucher

Seit Jahren wird E-Books eine goldene Zukunft vorausgesagt, schon 1998 wurde auf der Frankfurter Buchmesse das erste E-Book-Lesegerät vorgestellt. Dieses erste Gerät wie auch seine späteren Nachfolger waren meist auch schnell wieder vom Markt verschwunden. Die schlechten Displays, die kurze Laufzeit wie auch die Größe und das Gewicht

versetzten kaum einen potenziellen Nutzer in Verzücken. (3)
Der Erfolg für E-Books ist abhängig davon, dass geeignete Geräte auf den Markt kommen. Allerdings könnten aktuelle technologische Entwicklungen und die entsprechend auf den Markt gekommenen Geräte dem E-Book-Geschäft doch noch zu Erfolg verhelfen, da die neuen Displays mit papierähnlichen Eigenschaften die Attraktivität der Nutzung deutlich erhöhen könnten. (3)
Diese kommen den Kundenanforderungen im Hinblick auf Laufzeiten, Größe, Gewicht und Schriftbild am nächsten. (3)
"Elektronisches Papier" ist eine dünne Displayfolie mit hellen und dunklen Partikeln, die auf elektronische Spannung reagieren. Die schwarzen und weißen Kügelchen richten sich je nach Spannung der Leitungsmatrix an der Oberfläche aus. Der Stromverbrauch wird nur genutzt, um den Bildschirminhalt zu ändern. Der extrem hohe Kontrast der Folie ermöglicht einen großen Blickwinkel und kommt vom Leseerlebnis der Papiervorlage sehr nahe. Bisher gibt es mit dieser Technologie den Sony Reader und den Jankin Hanlin eReader mit 6-Zoll-Displays. Ebenso gibt es in Europa vom Philips-Partner iRex den iLiad mit 8,1-Zoll-Display, der auch WLAN und MP3-Funktionalität integriert hat für einen Preis von 650 Euro. Das ist für die meisten Interessenten zu teuer. Aufgrund der

Größe der Displays sind auch PDFs darstellbar. Die Akkus können mehrere Tausend Seitenwechsel leisten, was im Betrieb etwa eine Woche reichen dürfte. Die Geräte wiegen etwa 300 Gramm, eignen sich also auch für bequemes Lesen im Sessel. Bisher gibt es allerdings noch kein farbiges E-Paper. (3), (5)
Das E-Paper-Display kommt ohne Hintergrundbeleuchtung aus. (5)
Lesbare Formate mit dem Iliad sind ungeschützte PDF-Dateien sowie TXT oder XHTML-Format. Auch chinesische Formate sind teilweise nutzbar. Andere Dateiformate müssen für Iliad konvertiert werden wie auch DIN-A4-formatige Artikel. Lästiges Blättern kann durch Konvertierung in DIN-A5-Format vermieden werden. Das kann z. B. mit der Open Office-Software für Windows und Linux gelöst werden. (5)
Probleme hat der Iliad aber mit kopiergeschützten E-Books aus Online-Shops. Zwar gibt es für verschiedene DRM-Formate wie Mobipocket entsprechende Lesesoftware für viele Betriebssysteme aber bisher nicht für den Iliad. (5)
So bleiben dem Iliad-Nutzer nur ungeschützte und somit kostenlose Texte für sein Lesevergnügen. Zwar ist dieses Angebot auch immens, aber es gibt z. B. keine Bestseller. Dafür können neben den Werken des Projects Gutenberg auch viele Newsticker geladen und dann unterwegs gelesen werden. (5)

Fallbeispiele

Anbieter für E-Books sind der E-Book Händler Ciando aus München, aber auch Beam, Libri, Mobipocket oder Amazon. (3)
Die wachsende Bedeutung von Rechtemanagement im digitalen Zeitalter wird dadurch verdeutlicht, dass Microsoft bei seinem gerade veröffentlichten neuen Betriebssystems Vista an die Integration von Digital-Rights-Management gedacht hat. Damit werden alle PC-Besitzer in naher Zukunft integraler Bestandteil des neuen Geschäftsmodells zwischen Medienindustrie und Nutzern. (1)
Der Springer-Verlag hat mit seiner E-Book-Geschäftseinheit im wissenschaftlichen Bereich in Asien viele Kunden gewonnen. So verfügt Springer schon über Verkaufsniederlassungen in Delhi, Peking, Hongkong und Tokio, die dort mittlerweile über 15 000 Buchtitel anbieten können. (2)
Bereits im Jahre 2005 hat das Online-Buchhandelsportal Libri.de mit dem Verkauf von E-Books begonnen. Die Tochter des Hamburger Buchgroßhändlers Libri GmbH basiert mit ihrem Dienst auf der Software Mobipocket, die das Lesen auf PCs, PDAs und Smartphones ermöglicht. (9)

Der Springer-Verlag hat sich entgegen allen Piraterie-Befürchtungen der Druckverlagsindustrie zu einem Modell durchgerungen, in dem ein heruntergeladenes E-Book von unlimitiert vielen Nutzern im Unternehmen gelesen werden darf. Ebenso dürfen Kopien angefertigt werden und es darf ausgedruckt werden (auch in Teilen). Springer verspricht sich mit dieser Maßnahme eine breitere Streuung seiner Werke und damit letztendlich mehr Umsatz. Das kann den Druck auf die anderen Anbieter von E-Books erhöhen ihre jeweiligen Lizenzbestimmungen und damit auch das DRM entsprechend abzuändern. (6)

Auf der Frankfurter Buchmesse hat der Springer-Verlag noch einmal angekündigt, dass nun jedes seiner 10 000 Bücher auch Online als E-Book über den Kanal SpringerLink erhältlich ist (3 000 in Englisch und 7 000 in Deutsch), in dem neben den E-Books noch Millionen von Peer-Reviewed Artikeln erhältlich sind. (7).

Schon mindestens seit 2000 wird jedes Jahr zum "Jahr des E-Books" ausgerufen. 2007 könnte diesem "Produkt" nun der Durchbruch endlich gelingen. Der Massenmarkt könnte dann erreicht werden, wenn ähnlich wie vor Jahren in Paperbacks, vermehrt auch Werbung in E-Books geschaltet wird. (7)

Weiterführende Literatur

(1) Digital Rights Management, Digital Restriction Management und der Mittelweg der Creative Common Licence
aus Password, Heft 03/2007, S. 36-38

(2) Erfolgreiche E-Books in Asien
aus Password, Heft 03/2007, S. 24

(3) Deutlich mehr Sach- als Lachgeschichten im Angebot - Der vielfach prognostizierte Erfolg für die so genannten E-Books will sich weiterhin nicht einstellen / Durchbruch dank besserer Bildschirme?
aus Allgemeine Zeitung vom 17.03.2007

(4) Kein Kinderspiel // Verbraucherschützer mahnen Vertragsbedingungen für PC-Spiele ab. Auch Apple droht eine Klage
aus Der Tagesspiegel Nr. 19438 VOM 23.01.2007 SEITE 016

(5) E-Book-Reader E-Book-Reader Iliad mit elektronischem Papier
aus c't - Magazin für Computertechnik, 3/2007, S. 74

(6) Ein E-Book-Programm im Interesse der Bibliotheken
aus Password, Heft 01/2007, S. 34

(7) The Frankfurt Book Fair.
aus Searcher, United States (SEARCHER), 15 (2007) 1 page 32

(8) Verbraucherschützer drohen Internetfirmen

Verband mahnt vier Anbieter wegen unzulässiger Lizenz- und Nutzungsbedingungen ab
aus Frankfurter Rundschau v. 14.07.2006, S.9

(9) Buch-Downloads sind wieder mehr gefragt
aus Handelsblatt Nr. 051 vom 14.03.05 Seite 15

(10) Aus den Metatrends Konvergenz, Flexibilität, Ubiquität und Datennutz-barkeit Ableitung von 27 Innovations- und Wachstumsfeldern
aus Password, Heft 02/2007, S. 18-20

Impressum

Durchbruch von E-Books - abhängig von der Einführung eines akzeptablen DRM-Standards?

Bibliografische Information der deutschen Nationalbibliothek

Die Deutsche Nationalbibliothek verzeichnet diese Publikation in der deutschen Nationalbibliografie; detaillierte bibliografische Daten sind im Internet über http://dnb.d-nb.de abrufbar.

ISBN: 978-3-7379-0328-8

© 2015 GBI-Genios Deutsche Wirtschaftsdatenbank GmbH, Freischützstraße 96, 81927 München, www.genios.de

Alle Rechte vorbehalten. Dieses Werk ist einschließlich aller seiner Teile – z.B. Texte, Tabellen und Grafiken - urheberrechtlich geschützt. Jede Verwertung außerhalb der Grenzen des Urheberrechtsgesetzes bedarf der vorherigen Zustimmung des Verlags. Dies gilt insbesondere auch für auszugsweise Nachdrucke, fotomechanische Vervielfältigungen (Fotokopie/Mikroskopie), Übersetzungen, Auswertungen durch Datenbanken oder ähnliche Einrichtungen und die Einspeicherung und Verarbeitung in elektronischen Systemen.